BEI GRIN MACHT SICH IHR
WISSEN BEZAHLT

Bibliografische Information der Deutschen Nationalbibliothek:

Die Deutsche Bibliothek verzeichnet diese Publikation in der Deutschen National-
bibliografie; detaillierte bibliografische Daten sind im Internet über http://dnb.d-
nb.de/ abrufbar.

Impressum:

Copyright © 2009 GRIN Verlag, Open Publishing GmbH
Druck und Bindung: Books on Demand GmbH, Norderstedt Germany
ISBN: 9783656984733

Dieses Buch bei GRIN:

http://www.grin.com/de/e-book/336895/die-bedeutung-der-wasserleitungen-in-
einer-roemischen-stadt-in-der-antike

Andreas Ratz

Die Bedeutung der Wasserleitungen in einer römischen Stadt in der Antike

GRIN Verlag

GRIN - Your knowledge has value

Der GRIN Verlag publiziert seit 1998 wissenschaftliche Arbeiten von Studenten, Hochschullehrern und anderen Akademikern als eBook und gedrucktes Buch. Die Verlagswebsite www.grin.com ist die ideale Plattform zur Veröffentlichung von Hausarbeiten, Abschlussarbeiten, wissenschaftlichen Aufsätzen, Dissertationen und Fachbüchern.

Besuchen Sie uns im Internet:

http://www.grin.com/

http://www.facebook.com/grincom

http://www.twitter.com/grin_com

Universität zu Köln
März 2009
Historisches Seminar I
Einführungsseminar Alte Geschichte
Wintersemester 2008/2009

Die Bedeutung der Wasserleitungen in einer römischen Stadt in der Antike

Andreas Ratz
Lehramt Geschichte

Inhaltsverzeichnis

1. Einleitung

„Mit diesen so vielen und so notwendigen Wasserbauten

kannst Du natürlich vergleichen die überflüssigen

Pyramiden oder die übrigen nutzlosen, weithin gerühmten

Werke der Griechen!"

(S. Iulius Frontinus, De aquaeductu Urbis Romae, 16, um 100 n. Chr.)

Die Voraussetzung für jedes menschliche Leben ist Wasser. Eine funktionierende Wasserversorgung ist folglich unabdingbar für den Zusammenschluss einzelner Stämme zu einer Gemeinschaft von Siedlern. Gerade in Rom, wo aufgrund der geographischen Lage im Mittelmeerraum Sommertrockenheit und Grundwasserarmut nichts Ungewöhnliches ist, war man auf eine verlässliche Versorgung mit gutem Trinkwasser angewiesen. Doch wo kam dieses Wasser her und war es wirklich sinnvoll eine ungeheure Menge an Wasserleitungen dafür zu bauen?

Diese Hausarbeit soll sich mit der Bedeutung der Wasserleitungen in der öffentlichen Wahrnehmung beschäftigen. Als wichtigste Autor ist hier Frontinus zu nennen, dem wir die Schrift über die Wasserversorgung Roms (De aquaeductu Urbis Romae, um 100 n. Chr.) [1] zuschreiben. Von ihm stammt auch jenes oben aufgeführte Zitat, welches deutlich macht dass der Bau der römischen Wasserleitungen nicht nur mit denen als Weltwunder eingeschätzten Pyramiden verglichen wird, sondern von Frontinus sogar über diese gestellt wird.

Ich möchte in dieser Arbeit klären ob die Wasserleitungen wirklich nur notwendig für das Überleben der römischen Bevölkerung waren oder ob der repräsentative Charakter und der Prestigegewinn für den Stifter einer Wasserleitung nicht doch im Vordergrund standen? Zunächst werden die Wasserleitungen in Rom betrachtet und deren Eigenschaften beschrieben. Dazu kommen die Probleme die bei einer Kilometer langen Wasserleitung auftraten und die Wassermenge die in Rom verbraucht wurde. Des Weiteren möchte ich klar machen, welche Strafen bei Wasserdiebstahl verhängt wurden und schließlich auf die Verwaltung, die Kosten sowie die Stifter der Leitungen eingehen.

---

[1] Sextus Iulius Frontinus, De aquaeductu Urbis Romae, 16; deutsche Übersetzung nach M. Hainzmann (1979)

2. Wasserleitungen in Rom

In Rom, der Hauptstadt des Imperium Romanum gab es insgesamt 11 große Wasserleitungen.[2] Frontin berichtet, die Römer seien 441 Jahre lang seit der Gründung ihrer Stadt, das heißt bis ins Jahr 312 v. Chr., mit den Wasservorräten aus dem Tiber, den Schöpfbrunnen oder der Quellen zufrieden gewesen. [3] Allerdings wurde es aufgrund einer wachsenden Bevölkerungszahl und der damit verbundenen Suche nach gutem Trinkwasser im Laufe der Zeit nötig, Wasserleitungen zu bauen. Von Frontinus wissen wir auch, dass zu seiner Zeit 9 Wasserleitungen existierten. Das waren die Appia, der alte Anio, die Marcia, Tepula, Iulia, Virgo,die Alsietina auch Augusta genannt, die Claudia und der Neue Anio.[4] Über die beiden anderen Wasserleitungen, die Aqua Traiana und die Aqua Alexandrina[5] berichtet uns Frontinus nichts. Es ist daher anzunehmen, dass diese erst nach seinem Tod im Jahre 103 n. Chr. entstanden sind. Aus den Angaben Frontinus´ ergibt sich eine Gesamtlänge aller Wasserleitungen von etwa 500 Kilometern. Die Wasserqualität spielte in Rom auch eine große Rolle. Unter Trajan (98 bis 117 n. Chr.) wurden die davor zusammengeführten Leitungen erstmals getrennt da die Römer, allen voran Frontinus bereits erkannt hatten, dass die Wasserqualität der einzelen Leitungen durchaus unterschiedlich waren. Jede Leitung wurden von nun an „einem geeigneten Verwendungsbereich zugewiesen"[6] Hierbei wird sehr deutlich, dass die Nachfrage nach gutem Trinkwasser groß war und das damit verbundene Streben nach einer besseren Lebensqualität durchaus präsent war.

Um ein genaues Verständnis für die Wasserleitungen zu bekommen, werden hier kurz die Arten der Leitungen beschrieben.

Ein Problem für die Erbauung der Wasserleitungen stellten Hügel und kleinere Berge dar.[7] Dieses löste man durch Tunnelbauten oder Umgehung des Berges. Die Tunnelbauten waren ein langwieriger Prozess und nicht immer erfolgreich.[8]

Man hatte aber nicht nur Hügel zu überwinden sondern musste die Wasserleitungen auch durch Täler führen. Hierzu wurden viele Aquäduktbrücken errichtet mit deren Hilfe das Wasser über

---

[2]   Kek, D.: Der römische Aquädukt als Bautypus und Repräsentationsarchitektur. Münster 1996, S. 125
[3]Frontinus. 4.
[4]Ebd.
[5]Kek. S. 201
[6]Frontinus. 92.
[7]Kek. S. 84
[8]Grewe, K.: Planung und Trassierung römischer Wasserleitungen. Schriftenreihe der Frontinus Gesellschaft, Supplementband I. Wiesbaden 1985, S. 72

das Tal geleitet werden konnte. Die größte Brücke dieser Art, der so genannte Pont du Gard, ist heute noch erhalten und steht in Frankreich und führt über den Fluss Gardon. [9] Außerdem bestanden die meisten Wasserleitungen aus Wasserfassungen, Druckleitungen, Wasserbecken und Einstiegsschächten. Diese sollen aber nur am Rande erwähnt werden, da sonst der Umfang dieser Arbeit gesprengt würde. Allerdings zeigen die genannten Teile der Wasserleitungen die Komplexität und die Schwierigkeiten mit denen die damaligen Erbauer zu rechnen hatten. Ihnen standen ja aus heutiger Sicht sowohl zur Planung als auch zur Bautätigkeit nur einfachste Vermessungsgeräte und Baugeräte zur Verfügung. [10]

3. Wasserverbrauch und Strafen bei Vergehen gegen das Wasserrecht

Die 9 Wasserleitungen, welche die Stadt Rom im 1. Jahrhundert nach Christus mit Wasser versorgten, förderten eine enorme Menge Wasser in die Stadt. Die meisten Wasserleitungen und sicher auch die mit dem besten Trinkwasser in Rom wurden aus frischen Quellen gespeist. [11] Im 1. Jhd n. Chr. betrug die Gesamtfördermenge 560.720 m³ pro Tag. 12 Zum Vergleich: Der Wasserverbrauch an einem heißen Sommertag beträgt heutzutage in Köln circa 327.000 m³ 13 Da Rom im 1. Jhd. n. Chr. geschätzt knapp 1 Millionen Einwohner hatte, und damit in etwa genauso viele wie Köln heute, ist dieser Vergleich durchaus zulässig wenn auch trotzdem nicht ganz haltbar. Selbst wenn die Werte, die von Frontinus an den Quellfassungen der Leitungen gemessen wurden, stimmen würden, kam trotzdem nicht annähernd so viel Wasser auch tatsächlich in Rom an. „Die Ursache ist die Unredlichkeit der Leitungstechniker, denen ich nachweisen konnte, dass sie Wasser aus öffentlichen Leitungen zum Privatgebrauch abzweigten"14 Wasserdiebstahl war an der Tagesordnung und wurde hart bestraft. Frontinus überliefert dazu: „Grundstücke die gegen das Gesetz mit öffentlichem Wasser bewässert worden waren, zog man für den Staat ein" und weiter: „Niemand soll das Wasser dort, wo es öffentlich fließt, in böswilliger Absicht verunreinigen. Wenn es jemand verunreinigt, dann soll

---

[9]Grewe. S. 61
[10]Ebd. S. 69
[11]Kek. S. 82
[12]Frontinus. 78.
[13]Rhein Energie AG Köln (2009). Wasserspeicherung. Zugriff am 1.3.2009 unter
    http://www.rheinenergie.com/lang/de/produkte/wasser/5_speicherung.php
[11]Frontinus. 75.

die Geldbuße 10.000 Sesterzen betragen"15 Wie sehr der Wasserdiebstahl verbreitet war, wird erkennbar durch die Verabschiedung eines Gesetzes im Jahre 9. v. Chr. Demnach sollte derjenige, der unerlaubt Wasser aus Wasserrohren, Wasserbehältern sowie Brunnenbecken ableitete, mit einer Geldstrafe von 100.000 Sesterzen bestraft werden.16

Die relativ hohen Strafgelder und die Vehemenz mit der sie eingetrieben wurden – wer einen Wasserdieb anzeigte, erhielt 5.000 Sesterzen17 – macht deutlich, welche große Bedeutung eine funktionierende Wasserversorgung für die Öffentlichkeit hatte.

Dennoch floss immer noch mehr als nur ausreichend Wasser in die römische Stadt. Die Römischen Kaiser hatten ein Wasserbedürfnis welches nicht selten unnötigen Luxus darstellte. Nicht anders ist zu erklären das Kaiser Augustus im Jahre 2 v. Chr. eine Wasserleitung, die Aqua Alsietina, bauen ließ,18 die einzig und allein den Zweck hatte einen künstlichen See zu speisen auf dem Seeschlachten zur Massenunterhaltung nachgeahmt wurden. Diese Seechlachten wurden als Naumachie bezeichnet.19

Der luxuriöse oder auch als verschwenderisch zu bezeichnender Umgang mit Wasser erreichte aber nach dem Bau der Aqua Claudia und der Aqua Anio Novus zwischen 38 n. Chr. und 52 n. Chr. 20 einen Höhepunkt. Die beiden Leitungen allein versorgten 226 Brunnen mit Trinkwasser.21 Diese dienten aber nicht ausschließlich der Versorgung der Bevölkerung mit Wasser sondern hatten noch andere Zwecke: „Nicht einmal das Auslaufwasser ist jetzt nutzlos; es dient dazu, die Ursachen für die Luftverschmutzung zu beseitigen; die Straßen bieten ein sauberes Bild, die Luft ist reiner, und auch jene stickige Atmosphäre ist beseitigt, die die Stadt bei den Alten stets in Verruf gebracht hat"22

Das herauslaufende Wasser diente also zur Reinigung der Straßen und zur Verbesserung der Luft. Dies ging ohne Frage aber über den bloßen lebensnotwendigen Wasserbedarf (Trinkwasser) hinaus und ist daher kritisch zu hinterfragen und vielleicht sogar als verschwenderisch zu bezeichnen. Dies belegt auch die Tatsache, dass nach der Errichtung der Aqua Claudia und der Aqua Anio Novus jeder Bezirk an mehrere Leitungen angeschlossen wurde um den ständigen Wasserzufluss zu erhalten.23

15Ebd. 97.
16Ebd. 129.
17Frontinus. 127.
18Kek, S. 212
19Frontinus. 11.
20Kek, S. 178
21Frontinus. 86.
22Ebd. 88.
23Ebd. 87.

4. Der curator aquarum

Marcus Vipsanius Agrippa, der Schwiegersohn des Augustus, ließ sich im Jahre 33. v. Chr. zum Ädil wählen, obwohl er vorher schon Konsul gewesen war.[24] Da die Ädile die Aufsicht über das öffentliche Bauwesen hatten, konnte sich Agrippa nun ganz offiziell als Curator Aquarum[25] um die Wasserbauwerke kümmern. Dies bedeutet auf den ersten Blick ein gesellschaftlicher Abstieg, denn das Amt des Ädils war in der Ämterlaufbahn (cursus honorum) ja bekanntlich weit unter dem Konsul anzuordnen. Führt man sich allerdings vor Augen welche Personen in der Folgezeit das Amt des Curator Aquarum besetzten, lässt sich die große Bedeutung dieses Amtes erahnen. Frontinus macht dies mit seiner Aussage deutlich, das dieses Amt des Curator Aquarum „immer in Händen der angesehensten Männer unserer Gemeinde"[26] lag.

Agrippa erwies sich auf diesem Gebiet als herausragender Stifter. Dazu zählte die Einrichtung eines aus 240[27] Sklaven bestehenden Arbeitstrupps, der für den Erhalt der Wasserversorgung zuständig war. Sie hatten sich um die den Schutz der Leitungen, Wasserbehälter und Brunnen zu kümmern.[28] Angeblich unterhielt Agrippa diese Sklaven aus eigenen Mitteln und nach seinem Tod wurden sie aus der „Staatskasse"[29] entlohnt. Agrippa´s Arbeitstrupp war wohl zu seinem eigenen Prestigegewinn vorgesehen genau wie die während seiner Ädilität laut C. Plinius Secundus 700 Wasserbecken, 500 Springbrunnen und 130 Wasserbehälter mit teils reichem Schmuck entstanden Wasserbauten.[30]

5. Die Kosten der römischen Wasserleitungen

Wasserleitungen konnten von Privatpersonen, Städten oder vom Kaiser finanziert werden. Der jeweilige Bauherr übernahm somit auch die Kosten für den Bau. Wenn der Kaiser den Bau

---

[24]Ebd. 98.
[25]Frontinus. 98.
[26]Ebd. 1.
[27]Frontinus. 116.
[28]Ebd. 98.
[29]Ebd. 118.
[30]Plin. Nat. 36, 121f.

einer Wasserleitung veranlasste übernahm er auch immer die gesamten Kosten für das Projekt.[31] Gemeinden konnten zur Finanzierung noch Mittel wie Steuern oder durch den Verkauf von Gemeindeland hinzuziehen. Über Kosten der Wasserleitungen überliefert Frontin in Kapitel 7, dass der Bau der Aqua Marcia 180 Millionen Sesterzen kostete. Diese aus der Staatskasse bezahlte Wasserleitung war 91,33 km lang (61.710,5 Schritt) und ihr Bau wurde 144 v. Chr. beschlossen.[32] Somit kostete ein Kilometer der Wasserleitung der Aqua Marcia ca. 2 Millionen Sesterzen. Zum Vergleich zieht Kek[33] die Bibliothek von Comum am Comersee heran, die von Plinius dem Jüngeren gestiftet wurde und gegen Ende des 1. Jhd. n. Chr. für etwa 1 Million Sesterzen entstand. Weiterhin nennt Kek Tempel die deutlich weniger kosteten. So zum Beispiel den Apollo Tempel von Calama (Numidien), für den nur rund 350.000 Sesterzen aufzubringen waren.[34] Am teuersten waren da noch die für 2 Millionen Sesterzen erbauten Neptuns – Thermen in Ostia.[35] Natürlich sind diese Zahlen zu relativieren, allein schon deshalb weil die Bauten in unterschiedlichen Jahrhunderten (Aqua Marcia im 2. Jhd. v. Chr. ; Bibliothek von Como im 1. Jhd. n. Chr.) entstanden sind, trotzdem lassen die genannten Vergleichskosten erahnen welche enormen Summen für den Bau der Wasserleitungen nötig waren. Daran kann man auch erkennen welch ein hoher Prestigegewinn für einen Stifter möglich war, natürlich nur wenn er über die nötigen finanziellen Mittel verfügte.

6. Darstellungen von Wasserleitungen auf Münzen

Römische Münzen waren ein beliebtes Mittel zur Darstellung von Kaisern und dienten aufgrund ihrer weiten Verbreitung sicherlich zur Repräsentation und Erhöhung des Prestiges des Abgebildeten Objektes. Kek[36] beschreibt dass die Auswahl des Münzbildes oft von einer politischen Absicht geleitet war und Kaiser, Familien oder andere abgebildeten Personen ihre herausragende Stellung in der Gesellschaft dadurch noch erhöhen wollten. Auch großartige Bauten wie das Kolosseum oder Thermen und Tempel sind auf Münzen abgebildet worden.. Da die Wasserleitungen „wohl ein besonderes Kennzeichen der Größe des römischen Staates darstellen"[37] sind sie ebenfalls auf Münzen abgebildet worden.

---

[31]Kek, S. 255
[32]Frontinus. 7.
[33]Kek, S. 262
[34]Kek, S. 262
[35]Ebd.
[36]Ebd. S. 265
[37]Frontinus. 119.

Die 109 n. Chr. von Trajan erbaute Aqua Traiana ist auf 2 verschiedenen Münzen zu sehen, die sich nur dadurch unterscheiden dass auf der älteren von beiden Münzen das 5. statt 6. Konsulat des Kaisers angegeben ist.[38] Auf der Vorderseite ist ein mit Lorbeer bekränzte geschmückte Büste Trajans abgebildet und die Rückseite zeigt eine männliche Person, die ein Schilfrohr in der rechten Hand hält und sich mit der Linken auf ein Gefäß stützt, aus dem Wasser fließt.[39] „Demnach haben wir hier eine symbolische Darstellung einer Wasserleitung in Form einer Personifikation, wie sie zum Beispiel des öfteren bei Flüssen Verwendung fand"[40]

Die Aqua Traiana – Münzen wurden wohl auf Senatsbeschluss herausgegeben[41] und sollten wohl als Danksagung an den Kaiser verstanden werden, der die Wasserleitung gestiftet hatte. Außerdem wurde er dadurch verehrt und auch verherrlicht.

7. Selbstdarstellung und Prestige der Stifter

Wie bereits oben erwähnt war der Bau einer Wasserleitung mit einem immens großen finanziellen Aufwand verbunden. Daher ist es auch nicht verwunderlich, dass Privatpersonen durch die Stiftung von ganzen Wasserleitungen oder zumindest von Teilen einer Leitung besonders auffielen. Herodes Atticus, ein Wohltäter der Antike, steuerte z.B. 16 Millionen Sesterzen zum Bau einer Wasserleitung in Alexandria Troas (heutige Türkei) bei.[42]

Das an die Wasserleitung angeschlossene Nymphäum, ein Brunnenhaus mit repräsentativen Charakter, kann als gutes Beispiel für die Selbstdarstellung eines Stifters aufgeführt werden.

Nach Bol[43] ließ sich Herodes Atticus in diesem Nymphäum zusammen mit seiner Familie neben den Mitgliedern der Kaiserfamilie statuarisch darstellen. Wie sehr die Atticus-Familie den Repräsentationsgedanken verinnerlichte, zeigt die Tatsache, dass die Anzahl der dargestellten Familienmitgliedern beider Familien gleich groß war.[44] Aber auch die Gunst des Kaisers beim Volk konnte durch die Stiftung von Wasserleitungen oder öffentlichen Gebäuden wie Thermen oder Nymphäen erhöht werden. Die große Bautätigkeit des Agrippa unter der Herrschaft des Kaisers Augustus mit den oben schon erwähnten Wasserbecken und Brunnen war sicherlich hilfreich für das Ansehen sowohl von Agrippa als auch von Augustus, denn

---

[38]Kek, S. 275
[39]Ebd.
[40]Ebd. S. 276
[41]Kek, S. 277
[42]Kek, S. 295
[43]Bol, R.: Das Statutenprogramm des Herodes -Atticus-Nymphaeums, Berlin 1984, S. 88ff.
[44]Ebd.

immerhin bedeuteten die gestifteten Brunnen eine verbesserte Wasserversorgung für die gesamte Bevölkerung.

8. Schlussbetrachtung

Zunächst einmal muss an dieser Stelle festgehalten werden, dass das Wasserversorgungsnetz in Rom im ersten und zweiten Jahrhundert mit den damaligen Möglichkeiten Technik wohl als sensationell zu bezeichnen ist. Eine Fülle von Wasserleitungen, Aquäduktbrücken, Brunnen, Wasserbecken, Nymphäen und andere Wasserbauten prägten das Bild der Stadt. Die Wasserversorgung wurde per Gesetz kontrolliert, die cura aquarum, eine Wasserbaubehörde entstand und kontrollierte die Tätigkeiten rund um den Wasserbau. Der antike Autor Plinius Secundus äußert sich dazu in seiner Naturgeschichte wie folgt:

„Wenn also jemand den Wasserreichtum, welcher der Öffentlichkeit zur Verfügung steht und in den Bädern, künstlichen Teichen und Wassergräben, in den Wohnhäusern, Gärten und Vorstadtvillen anzutreffen ist, sowie die Streckenabschnitte, auf denen das Wassr in die Stadt kommt, die hochaufgebauten Brückenbögen, die von Tunneln durchschnittenen Berge und die gleichmäßig überbrückten Talkessel noch eingehender beurteilt, dann wird er gestehen, dass es auf der ganzen Welt nichts gegeben hat, was eine größere Bewunderung verdient.[45]

Diese Huldigung der Wasserversorgung als größtes Wunder aller Zeiten zeigt den Stolz der Römer in Bezug auf diese Bauwerke. Und natürlich hatte die Nützlichkeit beim Bau Wasserleitungen oberste Priorität, denn das Ziel einer jeden Wasserleitung sollte ja die Versorgung mit Trinkwasser sein, jedoch lässt nicht zuletzt die Bautätigkeit von Agrippa mit den genannten 700 Wasserbecken und 500 Springbrunnen eine gewisse Wasserverschwendung und das Streben nach Prestige erkennen, denn die Bauten entstanden alle im Jahr seiner Ädilität (33. v Chr.) ermöglichten nun quasi grenzenlosen Wassergebrauch.

Auch die hohen Strafgelder bei Verstößen gegen das Wasserrecht zeigen, wie wichtig den Römern eine ständige Versorgung mit frischem Trinkwasser war. Die Wasserleitungen waren in erster Linie sicher nicht lebensnotwendig für die Römer (denn bevor es sie gab, tranken die Menschen das Wasser aus dem Tiber oder anderen Quellen), sie stellten vielmehr einen Luxus dar, den man sich gerne leisten wollte und nicht zuletzt durch die Wasserbautätigkeit des Agrippa auch leisten konnte. Und sie hatten auch einen großen Repräsentativen Charakter, der

---

[45]Plin. Nat. 36, 123 in Kek, 1996. (Übersetzung nach Hainzmann 1979)

sich aufgrund der Äußerungen des Frontinus klar erkennen lässt. Außerdem war der Prestigegewinn eines Stifters aufgrund der immensen Summen, die eine Wasserleitung kostete nicht außer Acht zu lassen. Ein Stifter erhielt Statuen, wurde in Inschriften verewigt und von der Bevölkerung verehrt.

Alles in Allem ist zu sagen, dass die Römische Bevölkerung zwar verschwenderisch mit ihren Wasservorräten umging, ihre größte Leistung aber darin bestand sich diese Verschwendungssucht und damit diesen Luxus durch ihr großartiges System der Wasserversorgung leisten zu können. Und dies ist noch nicht mal heute, lässt man die ebenfalls verschwendungssüchtige westliche Welt außen vor, gang und gäbe. Daher ist diese Leistung der Römer nicht hoch genug einzuschätzen.

9. Literaturverzeichnis

- Bol, R.: Das Statutenprogramm des Herodes -Atticus-Nymphaeums, Berlin 1984

- Frontinus, Iulius Sextus.: De aquaeductu Urbis Romae, deutsche Übersetzung nach M. Hainzmann, Wasser für Rom. Zürich, München 1979

- Grewe, K.: Planung und Trassierung römischer Wasserleitungen. In: Schriftenreihe der Frontinus Gesellschaft, Supplementband I. Wiesbaden 1985

- Haberey, W.: Die römischen Wasserleitungen nach Köln, Düsseldorf 1971

- Hürten, K.: Der Römerkanal, eine kunstvolle Wasserleitung am Vorgebirge und in der Nordeifel. In: Beiträge zur Kölnischen Geschichte, Sprache, Eigenart. Köln 1915

- Kek, D.: Der römische Aquädukt als Bautypus und Repräsentationsarchitektur. Münster 1996